[This is] a blessed Book which We have revealed to you, [O Muhammad], that they might reflect upon its verses and that those of understanding would be reminded.

[Quran 38:29]

Contents

How to use this journal 4

Why is tafsir important? 5

Forgiveness 6

Dhikr 37

Parables 47

Shirk 77

Quran 88

Names of Allah 119

Creation 129

Gratitude 159

Angels 166

Reliance 197

Soul 204

Mercy 235

Day of Resurrection 242

Tawheed 272

Paradise 281

Iman 312

Peace 343

How to use this journal:

Theme and Verse Number: At the top of each page, you will find the theme and the number of the verse in the Quran which you can use to look up the verse.

Arabic: Regardless of the level you are, practice Arabic writing by copying down the verse.

Translation: Write down the translation you best understand and connect with.

Tafsir: Read through and write the background, context, and explanation of each verse. The most well known authentic resource for tafsir is Tafsir Ibn Kathir. This can be purchased online or in many Islamic bookstores. Tafsir Ibn Kathir can also be found for free online in various places.

Application: Reflect on and apply the verse of the day to your life. How does this verse connect to you and your experiences? How does it relate to the overall theme? Are there any other verses, hadith, or quotes that this brings to mind? How does it make you feel? How can you act on it? These are some questions to get you started, but of course you can write whatever feels right.

Dua: Write a short dua to help you put your learnings about the verse into action.

Ameen. May Allah accept all your efforts in better connecting with the Quran.

Why is tafsir important?

As Muslims, we get reward just for reciting one letter of the Quran, and for those who have difficulty reciting but endeavor to do it anyway, there is even more reward.

The Quran is, first and foremost, revelation sent to us to teach us how to live our lives in this world. That end will never be achieved if we continue only reciting empty words in a language we don't understand. And while it is good to read the translation of the Quran if you are not an Arabic speaker, even that cannot give us the full picture of the beauty and scope of the Quran.

Reading about, studying, and learning tafsir is what allows us to actually implement the Quran in our daily lives.

In addition to explaining interpretations of verses, Tafsir gives us the background and context for when, why, and how that verse was revealed. Knowing the circumstances behind a verse can help us to understand how it applies to our lives as Muslims today.

Verses of the Quran are not meant to be taken in isolation. Tafsir helps us to connect the verse we are reading with the verses immediately around it and the surah as a whole. We can see the bigger picture this way, and how one theme flows into another, as well as the wisdom behind why this verse is placed where it is.

Tafsir also makes the connections between the verse we are reading and the Quran as a whole, as well as relevant hadith. This can help give us a deeper understanding of the general theme and its place in our deen.

Finally, and perhaps most importantly, tafsir shows us how each verse is meant to be acted upon and implemented in our daily lives.

Forgiveness: An-Nisa 4:96

Arabic:

Translation:

Tafsir:

Application:

Dua:

Forgiveness: An-Nisa 4:106

Arabic:

Translation:

Tafsir:

Application:

Dua:

Forgiveness: Nuh 71:10

Arabic:

Translation:

Tafsir:

Application:

Dua:

Forgiveness: Al-Baqarah 2:192

Arabic:

Translation:

Tafsir:

Application:

Dua:

Forgiveness: Ash-Shu'ara 26:86

Arabic:

Translation:

Tafsir:

Application:

Dua:

Forgiveness: Al-Buruj 85:14

Arabic:

Translation:

Tafsir:

Application:

Dua:

Forgiveness: An-Nisa 4:99

Arabic:

Translation:

Tafsir:

Application:

Dua:

Forgiveness: Al-Ma'idah 5:74

Arabic:

Translation:

Tafsir:

Application:

Dua:

Forgiveness: Yusuf 12:98

Arabic:

Translation:

Tafsir:

Application:

Dua:

Forgiveness: Al-Imran 3:31

Arabic:

Translation:

Tafsir:

Application:

Dua:

Forgiveness: An-Nisa 4:110

Arabic:

Translation:

Tafsir:

Application:

Arabic:

Translation:

Dua:

Forgiveness: Al-Ma'idah 5:39

Arabic:

Translation:

Tafsir:

Application:

Dua:

Forgiveness: Al-Qasas 28:16

Arabic:

Translation:

Tafsir:

Application:

Dua:

Forgiveness: Al-Munafiqun 63:6

Arabic:

Translation:

Tafsir:

Application:

Dua:

Forgiveness: Al-Baqarah 2:52

Arabic:

Translation:

Tafsir:

Application:

Dua:

Forgiveness: Al-Ma'idah 5:98

Arabic:

Translation:

Tafsir:

Application:

Dua:

Forgiveness: Al-A'raf 7:199

Arabic:

Translation:

Tafsir:

Application:

Dua:

Forgiveness: Al-Hijr 15:49

Arabic:

Translation:

Tafsir:

Application:

Dua:

Forgiveness: Al-Haj 22:50

Arabic:

Translation:

Tafsir:

Application:

Dua:

Forgiveness: An-Nur 24:5

Arabic:

Translation:

Tafsir:

Application:

Dua:

Forgiveness: Ash-Shu'ara 26:82

Arabic:

Translation:

Tafsir:

Application:

Dua:

Forgiveness: Adh-Dhariyat 51:18

Arabic:

Translation:

Tafsir:

Application:

Dua:

Forgiveness: Al-Mulk 67:12

Arabic:

Translation:

Tafsir:

Application:

Dua:

Forgiveness: Al-Baqarah 2:199

Arabic:

Translation:

Tafsir:

Application:

Dua:

Forgiveness: Az-Zumar 39:53

Arabic:

Translation:

Tafsir:

Application:

Dua:

Forgiveness: Ash-Shu'ara 42:5

Arabic:

Translation:

Tafsir:

Application:

Dua:

Forgiveness: Al-Fath 48:14

Arabic:

Translation:

Tafsir:

Application:

Dua:

Forgiveness: At-Taghabun 64:14

Arabic:

Translation:

Tafsir:

Application:

Dua:

Forgiveness: Al-Imran 3:89

Arabic:

Translation:

Tafsir:

Application:

Dua:

Forgiveness: Al-Ma'idah 5:9

Arabic:

Translation:

Tafsir:

Application:

Dua:

Forgiveness: At-Tawbah 9:27

Arabic:

Translation:

Tafsir:

Application:

Dua:

Dhikr: Al-Ankabut 29:45

Arabic:

Translation:

Tafsir:

Application:

Dua:

Dhikr: Al-Baqarah 2:152

Arabic:

Translation:

Tafsir:

Application:

Dua:

Dhikr: Al-A'raf 7:205

Arabic:

Translation:

Tafsir:

Application:

Dua:

Dhikr: Al-Jumu'ah 62:10

Arabic:

Translation:

Tafsir:

Application:

Dua:

Dhikr: Al-Ahzab 33:35

Arabic:

Translation:

Tafsir:

Application:

Dua:

Dhikr: Al-Ahzab 33:41-42

Arabic:

Translation:

Tafsir:

Application:

Dua:

Dhikr: Al-Kahf 18:28

Arabic:

Translation:

Tafsir:

Application:

Dua:

Dhikr: Al-Imran 3:190-191

Arabic:

Translation:

Tafsir:

Application:

Dua:

Dhikr: Az-Zukhruf 43:36-38

Arabic:

Translation:

Tafsir:

Application:

Dua:

Dhikr: Al-Baqarah 2:152

Arabic:

Translation:

Tafsir:

Application:

Dua:

Parables: Al-Baqarah 2:17, 18

Arabic:

Translation:

Tafsir:

Application:

Dua:

Parables: Al-Baqarah 2:19, 20

Arabic:

Translation:

Tafsir:

Application:

Dua:

Parables: Al-Baqarah 2:26

Arabic:

Translation:

Tafsir:

Application:

Dua:

Parables: Al-Baqarah 2:171

Arabic:

Translation:

Tafsir:

Application:

Dua:

Parables: Al-Baqarah 2:259

Arabic:

Translation:

Tafsir:

Application:

Dua:

Parables: Al-Baqarah 2:261

Arabic:

Translation:

Tafsir:

Application:

Dua:

Parables: Al-Baqarah 2:264

Arabic:

Translation:

Tafsir:

Application:

Dua:

Parables: Al-Baqarah 2:265, 266

Arabic:

Translation:

Tafsir:

Application:

Dua:

Parables: Al-Imran 3:103

Arabic:

Translation:

Tafsir:

Application:

Dua:

Parables: Al-Imran 3:117

Arabic:

Translation:

Tafsir:

Application:

Dua:

Parables: Al-A'raf 7:176

Arabic:

Translation:

Tafsir:

Application:

Dua:

Parables: At-Tawbah 9:109, 110

Arabic:

Translation:

Tafsir:

Application:

Dua:

Parables: Yunus 10:24

Arabic:

Translation:

Tafsir:

Application:

Dua:

Parables: Hud 11:24

Arabic:

Translation:

Tafsir:

Application:

Dua:

Parables: Ibrahim 14:18

Arabic:

Translation:

Tafsir:

Application:

Dua:

Parables: Ibrahim 14:24, 25

Arabic:

Translation:

Tafsir:

Application:

Dua:

Parables: An-Nahl 16:75

Arabic:

Translation:

Tafsir:

Application:

Dua:

Parables: An-Nahl 16:76

Arabic:

Translation:

Tafsir:

Application:

Dua:

Parables: An-Nahl 16:92

Arabic:

Translation:

Tafsir:

Application:

Dua:

Parables: Al-Kahf 18:32-44

Arabic:

Translation:

Tafsir:

Application:

Dua:

Parables: Al-Kahf 18:45

Arabic:

Translation:

Tafsir:

Application:

Dua:

Parables: Al-Haj 22:31

Arabic:

Translation:

Tafsir:

Application:

Dua:

Parables: Al-Haj 22:73

Arabic:

Translation:

Tafsir:

Application:

Dua:

Parables: An-Nur 24:35, 36

Arabic:

Translation:

Tafsir:

Application:

Dua:

Parables: An-Nur 24:39

Arabic:

Translation:

Tafsir:

Application:

Dua:

Parables: An-Nur 24:40

Arabic:

Translation:

Tafsir:

Application:

Dua:

Parables: Al-'Ankabut 29:41

Arabic:

Translation:

Tafsir:

Application:

Dua:

Parables: Ar-Rum 30:28

Arabic:

Translation:

Tafsir:

Application:

Dua:

Parables: An-Nahl 16:112, 113

Arabic:

Translation:

Tafsir:

Application:

Dua:

Parables: Ya-Sin 36:13-32

Arabic:

Translation:

Tafsir:

Application:

Dua:

Shirk: Ar-Ra'd 13:14

Arabic:

Translation:

Tafsir:

Application:

Dua:

Shirk: Ghafir 40:14

Arabic:

Translation:

Tafsir:

Application:

Dua:

Shirk: An-Nisa 4:36

Arabic:

Translation:

Tafsir:

Application:

Dua:

Shirk: Al-An'am 6:151-152

Arabic:

Translation:

Tafsir:

Application:

Dua:

Shirk: Al-Furqan 25:68

Arabic:

Translation:

Tafsir:

Application:

Dua:

Shirk: Al-Ma'idah 5:72

Arabic:

Translation:

Tafsir:

Application:

Dua:

Shirk: An-Nisa 4:48

Arabic:

Translation:

Tafsir:

Application:

Dua:

Shirk: Luqman 31:13

Arabic:

Translation:

Tafsir:

Application:

Dua:

Shirk: An-Nisa 4:116

Arabic:

Translation:

Tafsir:

Application:

Dua:

Shirk: Az-Zumar 39:65

Arabic:

Translation:

Tafsir:

Application:

Dua:

Shirk: Al-An'am 6:88

Arabic:

Translation:

Tafsir:

Application:

Dua:

Quran: Al-Baqarah 2:185

Arabic:

Translation:

Tafsir:

Application:

Dua:

Quran: Ibrahim 14:1

Arabic:

Translation:

Tafsir:

Application:

Dua:

Quran: Al-Waqi'ah 56:77-80

Arabic:

Translation:

Tafsir:

Application:

Dua:

Quran: Al-Baqarah 2:23

Arabic:

Translation:

Tafsir:

Application:

Dua:

Quran: Yunus 10:38

Arabic:

Translation:

Tafsir:

Application:

Dua:

Quran: Hud 11:13

Arabic:

Translation:

Tafsir:

Application:

Dua:

Quran: Al-Isra 17:88

Arabic:

Translation:

Tafsir:

Application:

Dua:

Quran: An-Nisa 4:82

Arabic:

Translation:

Tafsir:

Application:

Dua:

Quran: An-Nisa 4:174

Arabic:

Translation:

Tafsir:

Application:

Dua:

Quran: Ash-Shuraa 42:52

Arabic:

Translation:

Tafsir:

Application:

Dua:

Quran: Al-An'am 6:19

Arabic:

Translation:

Tafsir:

Application:

Dua:

Quran: Al-An'am 6:157

Arabic:

Translation:

Tafsir:

Application:

Dua:

Quran: Al-An'am 6:68

Arabic:

Translation:

Tafsir:

Application:

Dua:

Quran: Al-A'raf 7:63

Arabic:

Translation:

Tafsir:

Application:

Dua:

Quran: Al-A'raf 7:204

Arabic:

Translation:

Tafsir:

Application:

Dua:

Quran: Yusuf 12:104

Arabic:

Translation:

Tafsir:

Application:

Dua:

Quran: Al-A'raf 7:205

Arabic:

Translation:

Tafsir:

Application:

Dua:

Quran: Al-Kahf 18:101

Arabic:

Translation:

Tafsir:

Application:

Dua:

Quran: Taha 20:3

Arabic:

Translation:

Tafsir:

Application:

Dua:

Quran: Al-Furqan 25:29

Arabic:

Translation:

Tafsir:

Application:

Dua:

Quran: Yunus 10:1

Arabic:

Translation:

Tafsir:

Application:

Dua:

Quran: Luqman 31:2

Arabic:

Translation:

Tafsir:

Application:

Dua:

Quran: Ya-Sin 36:2

Arabic:

Translation:

Tafsir:

Application:

Dua:

Quran: Hud 11:17

Arabic:

Translation:

Tafsir:

Application:

Dua:

Quran: Yusuf 12:2

Arabic:

Translation:

Tafsir:

Application:

Dua:

Quran: Al-Jinn 72:17

Arabic:

Translation:

Tafsir:

Application:

Dua:

Quran: Az-Zukhruf 43:44

Arabic:

Translation:

Tafsir:

Application:

Dua:

Quran: Al-Hijr 15:6, 9

Arabic:

Translation:

Tafsir:

Application:

Dua:

Quran: Ar-Ra'd 13:37

Arabic:

Translation:

Tafsir:

Application:

Dua:

Quran: An-Nahl 16:103

Arabic:

Translation:

Tafsir:

Application:

Dua:

Quran: Ar-Ra'd 13:31

Arabic:

Translation:

Tafsir:

Application:

Dua:

Names of Allah: Al-Baqarah 2:255

Arabic:

Translation:

Tafsir:

Application:

Dua:

Names of Allah: Maryam 19:92

Arabic:

Translation:

Tafsir:

Application:

Dua:

Names of Allah: Al-An'am 6:14

Arabic:

Translation:

Tafsir:

Application:

Dua:

Names of Allah: An-Nahl 16:60

Arabic:

Translation:

Tafsir:

Application:

Dua:

Names of Allah: Al-A'la 87:1

Arabic:

Translation:

Tafsir:

Application:

Dua:

Names of Allah: Al-An'am 6:18

Arabic:

Translation:

Tafsir:

Application:

Dua:

Names of Allah: Ash-Shuraa 42:11

Arabic:

Translation:

Tafsir:

Application:

Dua:

Names of Allah: Al-Ikhlas 112:2

Arabic:

Translation:

Tafsir:

Application:

Dua:

Names of Allah: Al-Fath 48:11

Arabic:

Translation:

Tafsir:

Application:

Dua:

Names of Allah: Yunus 10:107

Arabic:

Translation:

Tafsir:

Application:

Dua:

Creation: Yunus 10:4

Arabic:

Translation:

Tafsir:

Application:

Dua:

Creation: Al-Anbiya 21:104

Arabic:

Translation:

Tafsir:

Application:

Dua:

Creation: An-Naml 27:64

Arabic:

Translation:

Tafsir:

Application:

Dua:

Creation: Al-Ankabut 29:19, 20

Arabic:

Translation:

Tafsir:

Application:

Dua:

Creation: Al-Isra 17:49

Arabic:

Translation:

Tafsir:

Application:

Dua:

Creation: Fatir 35:16

Arabic:

Translation:

Tafsir:

Application:

Dua:

Creation: Al-Hijr 15:85

Arabic:

Translation:

Tafsir:

Application:

Dua:

Creation: An-Nahl 16:3

Arabic:

Translation:

Tafsir:

Application:

Dua:

Creation: Al-Ankabut 29:44

Arabic:

Translation:

Tafsir:

Application:

Dua:

Creation: Az-Zumar 39:5

Arabic:

Translation:

Tafsir:

Application:

Dua:

Creation: Ad-Dukhan 44:39

Arabic:

Translation:

Tafsir:

Application:

Dua:

Creation: Al-Jathiyah 45:22

Arabic:

Translation:

Tafsir:

Application:

Dua:

Creation: Al-Ahqaf 46:3

Arabic:

Translation:

Tafsir:

Application:

Dua:

Creation: Al-Anbiya 21:16, 17

Arabic:

Translation:

Tafsir:

Application:

Dua:

Creation: An-Nur 24:64

Arabic:

Translation:

Tafsir:

Application:

Dua:

Creation: Al-Anbiya 21:30

Arabic:

Translation:

Tafsir:

Application:

Dua:

Creation: An-Nur 24:45

Arabic:

Translation:

Tafsir:

Application:

Dua:

Creation: Al-Furqan 25:54

Arabic:

Translation:

Tafsir:

Application:

Dua:

Creation: An-Nisa 4:1

Arabic:

Translation:

Tafsir:

Application:

Dua:

Creation: Al-An'am 6:2

Arabic:

Translation:

Tafsir:

Application:

Dua:

Creation: Al-Hijr 15:26

Arabic:

Translation:

Tafsir:

Application:

Dua:

Creation: An-Nahl 16:4

Arabic:

Translation:

Tafsir:

Application:

Dua:

Creation: Al-Anbiya 21:30

Arabic:

Translation:

Tafsir:

Application:

Dua:

Creation: Al-Haj 22:5

Arabic:

Translation:

Tafsir:

Application:

Dua:

Creation: Al-Mu'minun 23:12-14

Arabic:

Translation:

Tafsir:

Application:

Dua:

Creation: Ar-Ra'd 13:3

Arabic:

Translation:

Tafsir:

Application:

Dua:

Creation: As-Sajdah 32:7-9

Arabic:

Translation:

Tafsir:

Application:

Dua:

Creation: Fatir 35:11

Arabic:

Translation:

Tafsir:

Application:

Dua:

Creation: Al-Waqi'ah 56:62

Arabic:

Translation:

Tafsir:

Application:

Dua:

Creation: Al-Alaq 96:2

Arabic:

Translation:

Tafsir:

Application:

Dua:

Gratitude: Al-Baqarah 2:152

Arabic:

Translation:

Tafsir:

Application:

Dua:

Gratitude: Ibrahim 14:7

Arabic:

Translation:

Tafsir:

Application:

Dua:

Gratitude: Al-Isra 17:111

Arabic:

Translation:

Tafsir:

Application:

Dua:

Gratitude: Yunus 10:10

Arabic:

Translation:

Tafsir:

Application:

Dua:

Gratitude: Luqman 31:12

Arabic:

Translation:

Tafsir:

Application:

Dua:

Gratitude: Al-Imran 3:145

Arabic:

Translation:

Tafsir:

Application:

Dua:

Gratitude: Al-Imran 4:147

Arabic:

Translation:

Tafsir:

Application:

Dua:

Angels: Al-Isra 17:95

Arabic:

Translation:

Tafsir:

Application:

Dua:

Angels: Al-An'am 6:8

Arabic:

Translation:

Tafsir:

Application:

Dua:

Angels: Al-An'am 6:61

Arabic:

Translation:

Tafsir:

Application:

Dua:

Angels: Sad 38:73

Arabic:

Translation:

Tafsir:

Application:

Dua:

Angels: An-Nazi'at 79:3, 4

Arabic:

Translation:

Tafsir:

Application:

Dua:

Angels: Al-Fajr 89:22

Arabic:

Translation:

Tafsir:

Application:

Dua:

Angels: At-Tariq 86:4

Arabic:

Translation:

Tafsir:

Application:

Dua:

Angels: Al-Qadr 97:4

Arabic:

Translation:

Tafsir:

Application:

Dua:

Angels: Al-Furqan 25:22

Arabic:

Translation:

Tafsir:

Application:

Dua:

Angels: An-Nazi'at 79:5

Arabic:

Translation:

Tafsir:

Application:

Dua:

Angels: As-Sajdah 32:11

Arabic:

Translation:

Tafsir:

Application:

Dua:

Angels: An-Nazi'at 79:2

Arabic:

Translation:

Tafsir:

Application:

Dua:

Angels: Al-Haqqah 69:17

Arabic:

Translation:

Tafsir:

Application:

Dua:

Angels: Al-Ma'arij 70:4

Arabic:

Translation:

Tafsir:

Application:

Dua:

Angels: Al-Hijr 15:30

Arabic:

Translation:

Tafsir:

Application:

Dua:

Angels: Al-Imran 3:87

Arabic:

Translation:

Tafsir:

Application:

Dua:

Angels: Al-Muddaththir 74:30

Arabic:

Translation:

Tafsir:

Application:

Dua:

Angels: Saba 34:40

Arabic:

Translation:

Tafsir:

Application:

Dua:

Angels: Al-Baqarah 2:98

Arabic:

Translation:

Tafsir:

Application:

Dua:

Angels: Al-Hijr 15:7

Arabic:

Translation:

Tafsir:

Application:

Dua:

Angels: As-Saffat 37:150

Arabic:

Translation:

Tafsir:

Application:

Dua:

Angels: An-Nazi'at 79:1

Arabic:

Translation:

Tafsir:

Application:

Dua:

Angels: An-Nahl 16:32

Arabic:

Translation:

Tafsir:

Application:

Dua:

Angels: An-Nahl 16:28

Arabic:

Translation:

Tafsir:

Application:

Dua:

Angels: Muhammad 47:27

Arabic:

Translation:

Tafsir:

Application:

Dua:

Angels: Al-Baqarah 2:161

Arabic:

Translation:

Tafsir:

Application:

Dua:

Angels: Taha 20:116

Arabic:

Translation:

Tafsir:

Application:

Dua:

Angels: Al-Hijr 15:8

Arabic:

Translation:

Tafsir:

Application:

Dua:

Angels: Az-Zukhruf 43:60

Arabic:

Translation:

Tafsir:

Application:

Dua:

Angels: Al-Haj 22:75

Arabic:

Translation:

Tafsir:

Application:

Dua:

Angels: Az-Zukhruf 43:53

Arabic:

Translation:

Tafsir:

Application:

Dua:

Reliance: Al-Ma'idah 5:23

Arabic:

Translation:

Tafsir:

Application:

Dua:

Reliance: At-Talaq 65:2

Arabic:

Translation:

Tafsir:

Application:

Dua:

Reliance: At-Talaq 65:3

Arabic:

Translation:

Tafsir:

Application:

Dua:

Reliance: Al-Jumu'ah 62:10

Arabic:

Translation:

Tafsir:

Application:

Dua:

Reliance: Al-'Ankabut 29:17

Arabic:

Translation:

Tafsir:

Application:

Dua:

Reliance: Al-Anfal 8:2

Arabic:

Translation:

Tafsir:

Application:

Dua:

Reliance: Al-Baqarah 2:197

Arabic:

Translation:

Tafsir:

Application:

Dua:

Soul: Al-Isra 17:85

Arabic:

Translation:

Tafsir:

Application:

Dua:

Soul: An-Nahl 16:111

Arabic:

Translation:

Tafsir:

Application:

Dua:

Soul: Luqman 31:34

Arabic:

Translation:

Tafsir:

Application:

Dua:

Soul: Al-Infitar 82:19

Arabic:

Translation:

Tafsir:

Application:

Dua:

Soul: Al-Fajr 89:27-30

Arabic:

Translation:

Tafsir:

Application:

Dua:

Soul: Ash-Shams 91:7-10

Arabic:

Translation:

Tafsir:

Application:

Dua:

Soul: At-Takwir 81:14

Arabic:

Translation:

Tafsir:

Application:

Dua:

Soul: Ar-Ra'd 11:21

Arabic:

Translation:

Tafsir:

Application:

Dua:

Soul: Ash-Shams 91:7

Arabic:

Translation:

Tafsir:

Application:

Dua:

Soul: Az-Zumar 39:42

Arabic:

Translation:

Tafsir:

Application:

Dua:

Soul: Qaf 50:21

Arabic:

Translation:

Tafsir:

Application:

Dua:

Soul: At-Taghabun 64:16

Arabic:

Translation:

Tafsir:

Application:

Dua:

Soul: At-Tariq 86:4

Arabic:

Translation:

Tafsir:

Application:

Dua:

Soul: An-Nazi'at 79:1

Arabic:

Translation:

Tafsir:

Application:

Dua:

Soul: An-Najm 53:58

Arabic:

Translation:

Tafsir:

Application:

Dua:

Soul: Al-Qiyamah 75:14

Arabic:

Translation:

Tafsir:

Application:

Dua:

Soul: As-Sajdah 32:17

Arabic:

Translation:

Tafsir:

Application:

Dua:

Soul: Al-Muddaththir 74:38

Arabic:

Translation:

Tafsir:

Application:

Dua:

Soul: Al-A'raf 7:177

Arabic:

Translation:

Tafsir:

Application:

Dua:

Soul: Adh-Dhariyat 51:21

Arabic:

Translation:

Tafsir:

Application:

Dua:

Soul: Al-Jathiyah 45:15

Arabic:

Translation:

Tafsir:

Application:

Dua:

Soul: Al-Waqi'ah 56:83-87

Arabic:

Translation:

Tafsir:

Application:

Dua:

Soul: Al-Baqarah 2:123

Arabic:

Translation:

Tafsir:

Application:

Dua:

Soul: Al-Qiyamah 75:26

Arabic:

Translation:

Tafsir:

Application:

Dua:

Soul: At-Takwir 81:7

Arabic:

Translation:

Tafsir:

Application:

Dua:

Soul: Al-'Ankabut 29:57

Arabic:

Translation:

Tafsir:

Application:

Dua:

Soul: Ash-Shu'ara 26:3

Arabic:

Translation:

Tafsir:

Application:

Dua:

Soul: Fussilat 41:46

Arabic:

Translation:

Tafsir:

Application:

Dua:

Soul: Az-Zumar 39:57

Arabic:

Translation:

Tafsir:

Application:

Dua:

Soul: Al-A'raf 7:9

Arabic:

Translation:

Tafsir:

Application:

Dua:

Soul: Al-A'raf 7:23

Arabic:

Translation:

Tafsir:

Application:

Dua:

Mercy: Az-Zumar 39:53

Arabic:

Translation:

Tafsir:

Application:

Dua:

Mercy: Saba 34:17

Arabic:

Translation:

Tafsir:

Application:

Dua:

Mercy: Taha 20:48

Arabic:

Translation:

Tafsir:

Application:

Dua:

Mercy: Al-A'raf 7:156

Arabic:

Translation:

Tafsir:

Application:

Dua:

Mercy: Al-Baqarah 2:218

Arabic:

Translation:

Tafsir:

Application:

Dua:

Mercy: Ar-Ra'd 13:6

Arabic:

Translation:

Tafsir:

Application:

Dua:

Mercy: Al-Ma'idah 5:118

Arabic:

Translation:

Tafsir:

Application:

Dua:

Day of Resurrection: Al-Infitar 82:4

Arabic:

Translation:

Tafsir:

Application:

Dua:

Day of Resurrection: An-Nazi'at 79:14

Arabic:

Translation:

Tafsir:

Application:

Dua:

Day of Resurrection: Taha 20:124

Arabic:

Translation:

Tafsir:

Application:

Dua:

Day of Resurrection: At-Takwir 81:7

Arabic:

Translation:

Tafsir:

Application:

Dua:

Day of Resurrection: Taha 20:103

Arabic:

Translation:

Tafsir:

Application:

Dua:

Day of Resurrection: At-Taghabun 64:9

Arabic:

Translation:

Tafsir:

Application:

Dua:

Day of Resurrection: As-Saffat 37:21

Arabic:

Translation:

Tafsir:

Application:

Dua:

Day of Resurrection: Al-Qari'ah 101:4

Arabic:

Translation:

Tafsir:

Application:

Dua:

Day of Resurrection: Al-Adiyat 100:6

Arabic:

Translation:

Tafsir:

Application:

Dua:

Day of Resurrection: Al-Haj 22:2

Arabic:

Translation:

Tafsir:

Application:

Dua:

Day of Resurrection: Al-Ma'arij 70:11

Arabic:

Translation:

Tafsir:

Application:

Dua:

Day of Resurrection: Al-A'la 87:10

Arabic:

Translation:

Tafsir:

Application:

Dua:

Day of Resurrection: Al-Infitar 82:19

Arabic:

Translation:

Tafsir:

Application:

Dua:

Day of Resurrection: Al-A'raf 7:89

Arabic:

Translation:

Tafsir:

Application:

Dua:

Day of Resurrection: An-Naba 78:39

Arabic:

Translation:

Tafsir:

Application:

Dua:

Day of Resurrection: Al-Imran 3:185

Arabic:

Translation:

Tafsir:

Application:

Dua:

Day of Resurrection: At-Takwir 81:11

Arabic:

Translation:

Tafsir:

Application:

Dua:

Day of Resurrection: At-Takwir 81:14

Arabic:

Translation:

Tafsir:

Application:

Dua:

Day of Resurrection: Al-Imran 3:30

Arabic:

Translation:

Tafsir:

Application:

Dua:

Day of Resurrection: Al-Infitar 82:5

Arabic:

Translation:

Tafsir:

Application:

Dua:

Day of Resurrection: Taha 20:112

Arabic:

Translation:

Tafsir:

Application:

Dua:

Day of Resurrection: Al-Anbiya 21:47

Arabic:

Translation:

Tafsir:

Application:

Dua:

Day of Resurrection: At-Tariq 86:9

Arabic:

Translation:

Tafsir:

Application:

Dua:

Day of Resurrection: Al-Haqqah 69:19

Arabic:

Translation:

Tafsir:

Application:

Dua:

Day of Resurrection: Al-Insan 76:27

Arabic:

Translation:

Tafsir:

Application:

Dua:

Day of Resurrection: Taha 20:100

Arabic:

Translation:

Tafsir:

Application:

Dua:

Day of Resurrection: Al-Furqan 25:27

Arabic:

Translation:

Tafsir:

Application:

Dua:

Day of Resurrection: As-Saffat 37:22

Arabic:

Translation:

Tafsir:

Application:

Dua:

Day of Resurrection: At-Tur 52:9

Arabic:

Translation:

Tafsir:

Application:

Dua:

Day of Resurrection: Ar-Rum 30:12

Arabic:

Translation:

Tafsir:

Application:

Dua:

Tawheed: An-Nisa 4:36

Arabic:

Translation:

Tafsir:

Application:

Dua:

Tawheed: Al-Isra 17:23

Arabic:

Translation:

Tafsir:

Application:

Dua:

Tawheed: Al-An'am 6:151

Arabic:

Translation:

Tafsir:

Application:

Dua:

Tawheed: Az-Zukhruf 43:87

Arabic:

Translation:

Tafsir:

Application:

Dua:

Tawheed: Ar-Tur 52:35-36

Arabic:

Translation:

Tafsir:

Application:

Dua:

Tawheed: Al-An'am 6:162-163

Arabic:

Translation:

Tafsir:

Application:

Dua:

Tawheed: Al-Baqarah 2:163

Arabic:

Translation:

Tafsir:

Application:

Dua:

Tawheed: An-Nisa 4:125

Arabic:

Translation:

Tafsir:

Application:

Dua:

Tawheed: An-Nisa 4:116

Arabic:

Translation:

Tafsir:

Application:

Dua:

Paradise: Al-Hijr 53:15

Arabic:

Translation:

Tafsir:

Application:

Dua:

Paradise: Al-Kahf 18:107

Arabic:

Translation:

Tafsir:

Application:

Dua:

Paradise: Al-Mu'minun 23:11

Arabic:

Translation:

Tafsir:

Application:

Dua:

Paradise: Al-Imran 3:15

Arabic:

Translation:

Tafsir:

Application:

Dua:

Paradise: An-Nisa 4:57

Arabic:

Translation:

Tafsir:

Application:

Dua:

Paradise: Al-Ma'idah 5:119

Arabic:

Translation:

Tafsir:

Application:

Dua:

Paradise: At-Tawbah 9:72

Arabic:

Translation:

Tafsir:

Application:

Dua:

Paradise: Ar-Ra'd 13:23

Arabic:

Translation:

Tafsir:

Application:

Dua:

Paradise: Al-Kahf 18:31

Arabic:

Translation:

Tafsir:

Application:

Dua:

Paradise: Maryam 19:61

Arabic:

Translation:

Tafsir:

Application:

Dua:

Paradise: Ar-Rahman 55:54

Arabic:

Translation:

Tafsir:

Application:

Dua:

Paradise: Al-Haqqah 69:23

Arabic:

Translation:

Tafsir:

Application:

Dua:

Paradise: At-Tur 52:22

Arabic:

Translation:

Tafsir:

Application:

Dua:

Paradise: Al-Waqi'ah 56:21

Arabic:

Translation:

Tafsir:

Application:

Dua:

Paradise: Muhammad 47:15

Arabic:

Translation:

Tafsir:

Application:

Dua:

Paradise: Ad-Dukhan 44:56

Arabic:

Translation:

Tafsir:

Application:

Dua:

Paradise: Ar-Ra'd 13:24

Arabic:

Translation:

Tafsir:

Application:

Dua:

Paradise: Al-Hijr 15:48

Arabic:

Translation:

Tafsir:

Application:

Dua:

Paradise: Al-Ghashiyah 88:16

Arabic:

Translation:

Tafsir:

Application:

Dua:

Paradise: Az-Zumar 39:73

Arabic:

Translation:

Tafsir:

Application:

Dua:

Paradise: Al-Imran 3:15

Arabic:

Translation:

Tafsir:

Application:

Dua:

Paradise: Al-Hijr 15:47

Arabic:

Translation:

Tafsir:

Application:

Dua:

Paradise: As-Saffat 37:47

Arabic:

Translation:

Tafsir:

Application:

Dua:

Paradise: Al-Waqi'ah 56:19

Arabic:

Translation:

Tafsir:

Application:

Dua:

Paradise: Maryam 19:62

Arabic:

Translation:

Tafsir:

Application:

Dua:

Paradise: Al-Waqi'ah 56:25

Arabic:

Translation:

Tafsir:

Application:

Dua:

Paradise: Al-Insan 76:13

Arabic:

Translation:

Tafsir:

Application:

Dua:

Paradise: Al-An'am 6:127

Arabic:

Translation:

Tafsir:

Application:

Dua:

Paradise: At-Tur 52:23

Arabic:

Translation:

Tafsir:

Application:

Dua:

Paradise: Al-A'raf 7:46

Arabic:

Translation:

Tafsir:

Application:

Dua:

Paradise: Al-Ghashiyah 88:15

Arabic:

Translation:

Tafsir:

Application:

Dua:

Iman: Al-Kafirun 109:6

Arabic:

Translation:

Tafsir:

Application:

Dua:

Iman: Al-Anbiya 21:92

Arabic:

Translation:

Tafsir:

Application:

Dua:

Iman: Az-Zumar 39:33

Arabic:

Translation:

Tafsir:

Application:

Dua:

Iman: Al-Imran 3:141

Arabic:

Translation:

Tafsir:

Application:

Dua:

Iman: Sad 38:46

Arabic:

Translation:

Tafsir:

Application:

Dua:

Iman: At-Tawbah 9:33

Arabic:

Translation:

Tafsir:

Application:

Dua:

Iman: An-Nisa 4:137

Arabic:

Translation:

Tafsir:

Application:

Dua:

Iman: At-Tawbah 9:124

Arabic:

Translation:

Tafsir:

Application:

Dua:

Iman: Al-Ma'idah 5:119

Arabic:

Translation:

Tafsir:

Application:

Dua:

Iman: Al-Ahzab 33:24

Arabic:

Translation:

Tafsir:

Application:

Dua:

Iman: Al-Baqarah 2:257

Arabic:

Translation:

Tafsir:

Application:

Dua:

Iman: Al-Anfal 8:75

Arabic:

Translation:

Tafsir:

Application:

Dua:

Iman: Al-Hadid 57:12

Arabic:

Translation:

Tafsir:

Application:

Dua:

Iman: Al-An'am 6:82

Arabic:

Translation:

Tafsir:

Application:

Dua:

Iman: Al-Fath 48:4

Arabic:

Translation:

Tafsir:

Application:

Dua:

Iman: Al-Imran 3:90

Arabic:

Translation:

Tafsir:

Application:

Dua:

Iman: Yunus 10:63

Arabic:

Translation:

Tafsir:

Application:

Dua:

Iman: Al-Ma'arij 70:32

Arabic:

Translation:

Tafsir:

Application:

Dua:

Iman: Fussilat 41:18

Arabic:

Translation:

Tafsir:

Application:

Dua:

Iman: An-Naml 27:53

Arabic:

Translation:

Tafsir:

Application:

Dua:

Iman: Al-Jathiyah 45:3

Arabic:

Translation:

Tafsir:

Application:

Dua:

Iman: Al-Bayyinah 98:7

Arabic:

Translation:

Tafsir:

Application:

Dua:

Iman: Al-Haj 22:57

Arabic:

Translation:

Tafsir:

Application:

Dua:

Iman: Al-Baqarah 2:152

Arabic:

Translation:

Tafsir:

Application:

Dua:

Iman: Ash-Shu'ara 26:178

Arabic:

Translation:

Tafsir:

Application:

Dua:

Iman: Yusuf 12:57

Arabic:

Translation:

Tafsir:

Application:

Dua:

Iman: Al-Haqqah 69:33

Arabic:

Translation:

Tafsir:

Application:

Dua:

Iman: Al-Ma'idah 5:10

Arabic:

Translation:

Tafsir:

Application:

Dua:

Iman: Al-Qalam 68:9

Arabic:

Translation:

Tafsir:

Application:

Dua:

Iman: Yunus 10:84

Arabic:

Translation:

Tafsir:

Application:

Dua:

Iman: Al-Ma'idah 5:9

Arabic:

Translation:

Tafsir:

Application:

Dua:

Peace: Al-Waqi'ah 56:26

Arabic:

Translation:

Tafsir:

Application:

Dua:

Peace: Ar-Ra'd 13:28

Arabic:

Translation:

Tafsir:

Application:

Dua:

Peace: Adh-Dhariyat 51:25

Arabic:

Translation:

Tafsir:

Application:

Dua:

Peace: Hud 11:69

Arabic:

Translation:

Tafsir:

Application:

Dua:

Peace: Taha 20:25

Arabic:

Translation:

Tafsir:

Application:

Dua:

Peace: Al-Hujurat 49:9

Arabic:

Translation:

Tafsir:

Application:

Dua:

Peace: Ad-Dukhan 44:55

Arabic:

Translation:

Tafsir:

Application:

Dua:

Peace: Al-Ghashiyah 88:21

Arabic:

Translation:

Tafsir:

Application:

Dua:

Peace: Az-Zukhruf 43:89

Arabic:

Translation:

Tafsir:

Application:

Dua:

Peace: An-Nisa 4:128

Arabic:

Translation:

Tafsir:

Application:

Dua:

Peace: Al-A'raf 7:204

Arabic:

Translation:

Tafsir:

Application:

Dua:

Peace: As-Saffat 37:181

Arabic:

Translation:

Tafsir:

Application:

Dua:

Peace: Al-Fajr 89:27

Arabic:

Translation:

Tafsir:

Application:

Dua:

Peace: Al-Hijr 15:46

Arabic:

Translation:

Tafsir:

Application:

Dua:

Peace: Ya-Sin 36:58

Arabic:

Translation:

Tafsir:

Application:

Dua:

Peace: Al-An'am 6:127

Arabic:

Translation:

Tafsir:

Application:

Dua:

Peace: Al-Qadr 97:5

Arabic:

Translation:

Tafsir:

Application:

Dua:

Peace: Ad-Duhaa 93:2

Arabic:

Translation:

Tafsir:

Application:

Dua:

Peace: Al-Ahzab 33:56

Arabic:

Translation:

Tafsir:

Application:

Dua:

Peace: Al-Ma'ari 70:28

Arabic:

Translation:

Tafsir:

Application:

Dua:

Peace: Al-Baqarah 2:11

Arabic:

Translation:

Tafsir:

Application:

Dua:

Peace: Al-Anfal 8:61

Arabic:

Translation:

Tafsir:

Application:

Dua:

Peace: Taha 20:47

Arabic:

Translation:

Tafsir:

Application:

Dua:

Peace: At-Tawbah 9:26

Arabic:

Translation:

Tafsir:

Application:

Arabic:

Dua:

Peace: Yunus 10:25

Arabic:

Translation:

Tafsir:

Application:

Dua:

Peace: Az-Zumar 39:73

Arabic:

Translation:

Tafsir:

Application:

Dua:

Peace: Ar-Ra'd 13:24

Arabic:

Translation:

Tafsir:

Application:

Dua:

Peace: Ibrahim 14:35

Arabic:

Translation:

Tafsir:

Application:

Dua:

www.ingramcontent.com/pod-product-compliance
Lightning Source LLC
Chambersburg PA
CBHW081505080526
44589CB00017B/2658